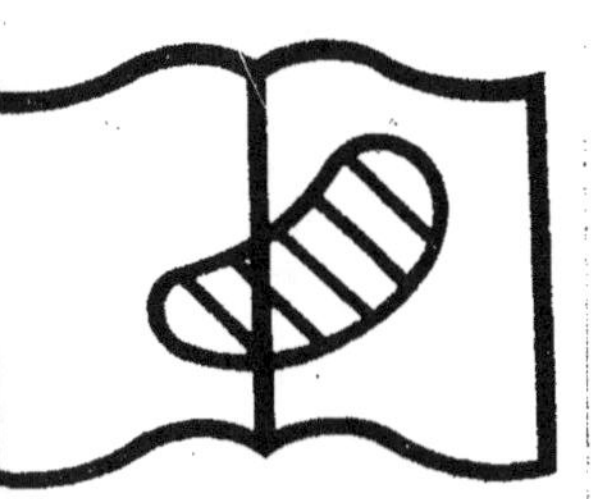

Illisibilité partielle

Contraste insuffisant
NF Z 43-120-14

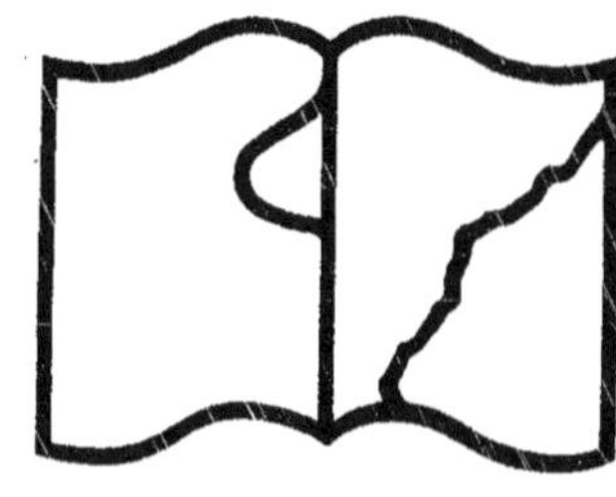

Texte détérioré — reliure défectueuse
NF Z 43-120-11

Valable pour tout ou partie
du document reproduit

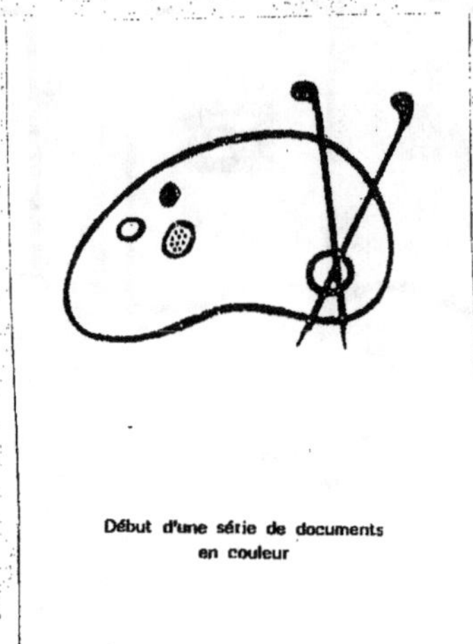

Début d'une série de documents
en couleur

UNE PETITE GERBE

DE

BILLETS INÉDITS

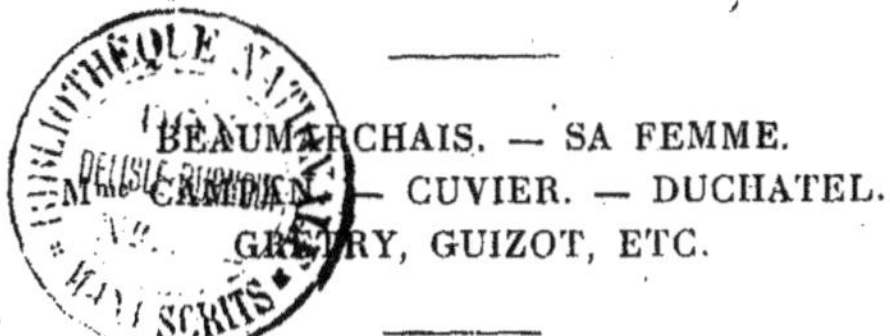

BEAUMARCHAIS. — SA FEMME.
Mme CAMPAN. — CUVIER. — DUCHATEL.
GRÉTRY, GUIZOT, ETC.

PAR

TAMIZEY DE LARROQUE

PARIS

LIBRAIRIE TECHENER

219, RUE SAINT-HONORÉ, 219

1890

(5)

CHARTRES. — IMPRIMERIE DURAND, RUE FULBERT.

À Monsieur L. Delisle
affectueux hommage
ph. Tamizey de Larroque

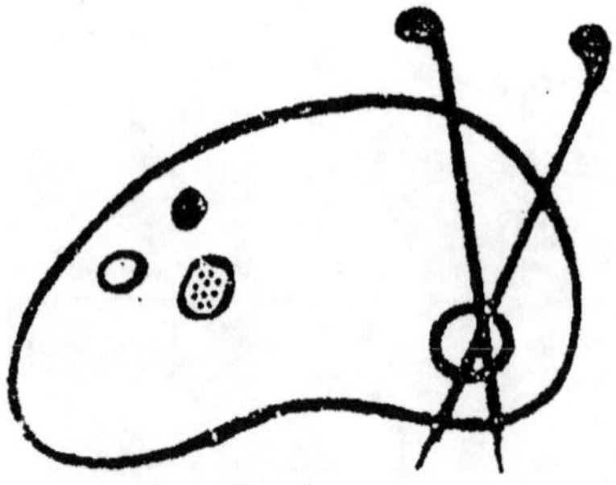

Fin d'une série de documents
en couleur

UNE PETITE GERBE

DE

BILLETS INÉDITS

BEAUMARCHAIS. — SA FEMME.
Mme CAMPAN. — CUVIER. — DUCHATEL.
GRÉTRY, GUIZOT, ETC.

PAR

TAMIZEY DE LARROQUE

PARIS

LIBRAIRIE TECHENER

219, RUE SAINT-HONORÉ, 219

1890

UNE

PETITE GERBE DE BILLETS INÉDITS

Beaumarchais. — Sa femme. — Mme Campan. — Cuvier. — Duchatel. — Grétry. — Guizot, etc.

AVERTISSEMENT

M. Casimir Mariaud, mon excellent confrère dans les sociétés historiques des Basses-Alpes et du Périgord, a eu l'amabilité de me donner communication de son portefeuille d'autographes. Non content de satisfaire ma proverbiale curiosité, il m'a gracieusement autorisé à mettre sous les yeux d'autres curieux les trésors de sa collection, à lui léguée par un arrière-cousin de Beaumarchais. Cette collection, peu nombreuse, mais où presque toutes les pièces sont de haute valeur, se divise en deux parties, la première formée de lettres adressées à un neveu de l'immortel auteur du *Mariage de Figaro*, Raguet-Lépine, le célèbre horloger (1); la seconde formée de lettres adressées au fils de ce dernier, lequel fils, sous le règne de Louis-Philippe, devint membre de la Chambre des députés, puis pair de France, et fut honoré de la confiance et de l'amitié des plus considérables personnages politiques. On distinguera dans la première série les lettres, ou, pour mieux dire, les billets de Beaumarchais, et, dans la seconde, les billets de Guizot, auquel l'histoire, à mesure

(1) Il eut pour père un autre horloger qui avait épousé en 1756 une des sept sœurs de Beaumarchais, Madeleine-Françoise Caron, née le 30 mars 1734.

1

qu'elle est plus impartiale, assigne un rang de plus en plus élevé parmi nos grands ministres (1). Ce sont là les perles de l'écrin si amicalement ouvert devant moi par M. Mariaud. Les petites pages écrites par le plus spirituel des intrigants du xviii° siècle seront ainsi rapprochées des petites pages écrites par le plus austère des hommes d'État du xix°. On trouvera d'autres piquants contrastes dans la correspondance que je publie : une lettre d'un guerrier de la République, le général Husson, est voisine d'un billet de trois lignes du doux Grétry, et un billet encore plus court d'un homme d'État italien, Serbelloni, enthousiaste ami de la France et de la liberté, suit de près une lettre du peintre-archéologue Houel, l'auteur du *Voyage pittoresque des îles de la Sicile, de Malte et de Lipari* (2).

Je voudrais que ma petite gerbe de documents fût accueillie avec autant de plaisir qu'en a éprouvé M. Mariaud à me les communiquer, et que j'en éprouve moi-même à le remercier publiquement de sa délicate générosité.

Philippe Tamizey de Larroque.

(1) Voir les beaux articles de M. Paul Thureau-Dangin, dans le *Correspondant* de 1888, sur *M. Guizot au pouvoir*. C'est l'hommage à la fois le plus juste et le plus éloquent qui ait jamais été rendu à cet admirable serviteur de la France. On voudra relire les récits et les appréciations de l'éminent historien de la monarchie de juillet, dans l'ouvrage qui lui a déjà valu le grand prix Gobert et qui, nous aimons à l'espérer, lui vaudra, de la part de l'Académie française, une récompense plus glorieuse encore.

(2) Comme la plupart des autographes ne sont pas datés, je me suis décidé à les ranger par ordre alphabétique de noms d'auteurs. De même que certains avocats dans l'embarras aiment à s'en rapporter à la sagesse du tribunal, je m'en rapporte à la sagacité de mes lecteurs.

PREMIÈRE PARTIE

I

. Au citoyen Raguet Delépine

Place Victoire

Votre oncle et ami Beaumarchais et votre tante (1), vous font part de la cessation des souffrances de leur Sœur et Belle-Sœur hier 24 floréal a (2) 8 heures et demie du soir, le 44° jour de sa maladie.

An 6 (3).

Vous êtes invité instamment a venir les aider a lui rendre les derniers devoirs : et a vous rendre porte Antoine (4) entre onze heures et midi en habit convenable (5).

(1) C'était Marie-Thérèse-Emilie Willer-Mawlay, née à Lille le 13 novembre 1753, morte à Paris le 1er avril 1816. Avant d'épouser cette fille d'un Suisse du canton de Fribourg (8 mars 1786), Beaumarchais avait été marié successivement avec deux veuves, Madeleine-Catherine Aubertin, veuve Franquet (27 novembre 1757) et Geneviève-Madeleine Wattebled, veuve Lévesque (11 avril 1768). L'heureux Beaumarchais épousa tour à tour trois jolies femmes. Leur beauté est attestée par Gudin de La Brenellerie (*Histoire de Beaumarchais. Mémoires inédits publiés sur les manuscrits originaux*, par Maurice Tourneux, Paris, Plon, 1888, pp. 12, 52, 108, 289). Les autres biographes de Beaumarchais confirment ce triple témoignage.

(2) Beaumarchais, en cette lettre comme en la suivante, ne met jamais d'accent sur la préposition *a*.

(3) Marie-Julie, née le 24 décembre 1735, fut la collaboratrice aux *Mémoires* de son frère. Le billet de faire-part complète, en ce qui regarde la date du décès de Marie-Julie, les renseignements fournis par Jal (*Dictionnaire critique de biographie et d'histoire*).

(4) La République, qui faisait encore la guerre aux saints, ne permettait pas qu'on donnât à la fameuse porte tout son nom. Me rendrai-je coupable d'un jugement téméraire en avançant qu'une telle abréviation sourirait à certains membres du conseil municipal de la *Ville-Lumière* ?

(5) Cette accommandation n'est-elle pas... ? je dirais amusante, s'il ne s'agissait pas d'une cérémonie lugubre.

M. et Mme De la Rue, neveu et nièce de notre excellente Sœur, vous font la même invitation (1).

[P.-S.]. Il faut envoyer chercher Me Delépine avec précaution, afin de sauver une trop forte secousse, a notre pauvre sœur, votre belle-mère. Nous nous en rapportons a vous (2).

II

AU CITOYEN RAGUET LÉPINE

Horloger

Place des Victoires-Nationales, au coin de la rue des Fossés-Montmartre

Le 29 vendémiaire, an 7.

Nous partageons bien vivement vos peines (3), mon

(1) La fille de Beaumarchais avait épousé Louis-André-Toussaint Delarue, né à Paris le 1er novembre 1768, mort dans la même ville le 1er juin 1864, à quatre-vingt-quinze ans. Nous allons retrouver Eugénie de Beaumarchais dans la lettre suivante.

(2) Sur Beaumarchais, outre les *Mémoires* de Gudin, si bien publiés et si bien annotés par M. Tourneux, celui peut-être de tous nos érudits qui connaît le mieux le XVIIIe siècle, il y a et il y aura toujours deux ouvrages à citer, celui de M. de Loménie (1856) et celui de M. Eugène Lintilhac (1887). Autour de ces deux noms principaux, on aurait bien des noms à rappeler, noms d'éditeurs, de biographes, de panégyristes, de critiques, de bibliographes, notamment ceux de MM. d'Arneth, Gabriel Audiat (*Bulletin critique*), Bauquier, Bettelheim, Paul Bonnefon, Maurice Chévrier, Henri Cordier, Louis Farges (*Revue critique*), Edouard Fournier, F. Gaillardet (qui a donné douze lettres inédites de notre homme dans les *Mémoires sur la Chevalière d'Éon*), d'Heilly, Paul Huot, Mathurin de Lescure, de Marescot, Sainte-Beuve, Saint-Marc Girardin, Eugène Tavernier (*Mémoires de l'Académie d'Aix*), Villemain, etc.

(3) Au sujet de la mort de sa fille. Voici un billet du peintre Boze chargé de faire le portrait du petit ange envolé : « Au citoyen Lépine, horloger, place des Victoires, à Paris. » Vous me faites espérer, citoyen et bon ami, le plaisir de vous recevoir chez moi demain, 14, un peu de bon (*sic*) heure, pour y voir l'image qui aproche le plus de la resemblance de votre chere Amélie; je désire ardamment, pour votre satisfaction, que les efforts que j'ai fait dans cet arts (*sic*) puisse vous la faire reconnoître et suis tout à vous. Votre concitoyen Boze. Ce 13 floréal an VII ». On se plaît à penser, devant ces lignes incorrectes, que Boze se servait mieux du pinceau que de la plume. Citons sur lui cette

pauvre Raguet, mais nous blâmons votre excessif découragement. Un peu plus tot, un peu plus tard, tous les enfans donnent ce regret a leurs pères; ou les pères, a leurs enfans (1). Votre chère Amélie était une charmante petite créature; pleurés la, mon ami, mais avec la force d'un homme. Comparés vos douleurs a celles de vos vieillards parens qui voyent moissonner, avant eux, leurs enfans et petits enfans, et dites : tout ce qui m'enveloppe a besoin de mon courage, et l'invoque. Que votre cœur, mon pauvre ami, se replie sur tous les débris de votre famille adoptive ! Ah ! Si je n'étois pas utile au sort de tout ce qui m'intéresse, il y a long tems que je voudrois être a côté des êtres bien aimés que vous regrettés justement ! Le tems des malheurs est venu; c'est a nous de les supporter. Eugénie (2), et sa mère, et moi, nous avons tous pleuré sur votre lettre. Elles iront vous porter en leur nom et au mien, les témoignages de notre attachement pour vous. Nous savons a présent combien vous fûtes bon époux et bon père; nous vous en aimons davantage; et si la fortune me rend une partie des biens dont on m'a dépouillé, nous n'oublierons pas, *mon Raguet* (3), que vous êtes notre parent; et nous nous ressererons tous pour supporter les peines de la vie. Nous le disons avec la mesme (4) viva-

phrase du *Quatre-vingt-treize* de Victor Hugo (2me partie, livre I, chapitre ı) : « Le peintre Boze peignait ses filles, innocentes et charmantes têtes de seize ans, *en guillotinées,* c'est-à-dire décolletées avec des chemises rouges. »

(1) Ces motifs de consolation ne semblent-ils pas bien étranges ?

(2) Amélie-Eugénie Caron de Beaumarchais était née à Paris le 5 janvier 1777, par conséquent plusieurs années avant le troisième mariage. Gudin dit assez plaisamment (p. 482), que son héros « fut aimé avec tendresse de ses amis, avec passion de ses maîtresses et de ses trois femmes, avec orgueil de ses sœurs, avec enthousiasme de sa fille... »

(3) Ces mots d'une si affectueuse familiarité ont été soulignés par l'auteur. Quelques-unes des phrases que l'on vient de lire sont quelque peu déclamatoires, mais c'est le ton de l'époque, et il ne faut voir ni une fausse sensiblerie, ni une prétentieuse rhétorique, dans les condoléances de Beaumarchais.

(4) *Sic.* Beaumarchais a gardé la vieille forme. Ce hardi novateur était-il donc un réactionnaire en matière d'orthographe ?

cité d'expressions, a L'Epine (1), a ma sœur, a vous, a
l'enfant qui vous reste, et a tout ce qui vous appartient.

Le très affligé,   BEAUMARCHAIS.

III

AU CITOYEN RAGUET DELÉPINE
Place Victoire

Depuis longtems, mon ami, nous avions aboli l'usage
des Billets (2) parce que les Billets ont l'air d'un *ton*,
qu'ils annoncent des préférences, et que ces préférences
nous ont valu des scènes très désagréable (*sic*), mais que
M. et Mme d'Ossuna et sa compagnie se présentent tel
jour et à telle heure qui leur sera convenable. Leur nom
est déjà désigné à notre porte. Nous regrettons ma fille et
moi que la cruelle circonstance (3) ne nous permette pas
de leur faire les honneurs de ce jardin, bien déchu de sa
première splendeur (4).

Depuis que notre jardin est devenu le dépôt de tout ce
qui nous est cher (5), nous l'avons fermé indistinctement.

(1) C'était le beau-frère de Beaumarchais.

(2) Les billets pour entrer dans le jardin dont il va être question.

(3) La mort de Beaumarchais (19 mai 1799).

(4) Le jardin créé par Beaumarchais à l'entrée du faubourg Saint-Antoine,
sur le boulevard qui porte aujourd'hui son nom, était une des curiosités de
Paris. Ce vaste et magnifique jardin a été diminué, dans le trop modeste distique que son propriétaire fit inscrire au-dessus de la porte :

Ce petit jardin fut planté
L'an premier de la liberté.

C'était-il ce distique qui protégea le jardin le jour où, une femme ayant eu
l'imprudence d'y cueillir une simple fleur, fut souffletée par le peuple indigné ?

(5) Gudin dit (p. 475) : « En plantant ce jardin destiné au repos de sa
vieillesse et qui n'ombragea guère que ses peines, il avait consacré un bosquet
à son repos éternel. C'était là qu'il désirait d'être inhumé. Ce fut là que nous le
déposâmes. Ce fut là que son gendre, ses parents, ses amis et quelques gens

Mais il sera ouvert également pour vos frais débarqués de Hollande.

Voila deux places pour votre Alexandre (1). Comme c'est décadi, je suppose que ce jour lui convient mieux que tout autre, parce que cela ne dérangera ni les études, ni les leçons.

Salut, mon cher neveu,

Votre tante affectionnée,

Beaumarchais.

IV

Au citoyen Raguet de Lépine

Place des Victoires

Ce 13 septembre.

Mon cher ami, nous n'avons pu terminer nos courses d'hier qu'a (2) trois heures un quart. Depuis huit heures du matin nous étions a trimbaler (3) notre corps dans le plus secouant de tous les fiacres. J'étais rompue, et épuisée ; il nous a été impossible de revenir (d'où nous étions) à votre porte.

de lettres qui l'aimaient lui rendirent les derniers devoirs, et que Collin d'Harleville lut un discours que j'avais composé dans l'épanchement de ma douleur, mais que je n'étais pas en état de prononcer. »

(1) Un fils du neveu et correspondant de Madame Beaumarchais.

(2) Madame Beaumarchais, par sympathie sans doute pour le mari qu'elle avait tant aimé, s'abstient, comme lui, de mettre l'accent sur la préposition a.

(3) Le *Dictionnaire de l'Académie française* donne au mot *trimbaler* cette note défavorable : « Il est populaire, » ce que répète Littré, qui n'en cite qu'un seul emploi. Encore le savant philologue est-il obligé de remonter jusqu'au xvi⁰ siècle et d'aller chercher son unique exemple en Suisse, l'empruntant à Bonivard, l'auteur de l'*Ancienne et nouvelle police de Genève*. Si un brillant écrivain comme Beaumarchais s'était servi du mot utilisé par sa troisième femme, on aurait eu un second exemple à enregistrer dans la prochaine édition du *Dictionnaire de Littré*, recueil dont les innombrables publications de textes anciens et modernes faites en ces quinze dernières années rendent la refonte indispensable.

Nous ne serons jugés que dans l'autre Décade. Nous sommes sûres au moins de ne pas l'être dans celle cy.

Ma fille, mon gendre et moi, nous acceptons avec grand plaisir votre invitation ; vous êtes un excélent neveu, et pour tout dire un charmant homme. Nous tâcherons a l'envi les uns des autres, de vous faire honneur, et nous ne négligeons rien pour intéresser en notre faveur vos importans convives. Cette fête devient pour nous, une fortuité (1) bien heureuse.

Hélas, il ne s'agit pas aujourd'huy d'être riche, mais au moins de n'être pas ruinés sans ressource ; de payer nos créanciers, d'honorer la mémoire de ton oncle.

Si nous échappons à la griffe du G — tout est sauvés (*sic*), car mon fils est jeune (2), il jouit d'une excélente réputation, il a des appuis, il trouvera des occasions de gagner de l'argent. Il faut que les parens et les amis se soutiennent et s'entr'aident.

Bonjour, mon cher neveu. Je reçois votre embrassade de tout mon cœur.

Votre tante.   Ve BEAUMARCHAIS.

V

AU CITOYEN L'EPINE

Horloger

Place des Victoires-Nationales, à Paris

Citoyen,

En 1789, voyant que la dépense et les voyages du citoyen Campan mon mari (3), devoient finir par déranger

---

(1) Je ne trouve *fortuité* nulle part et je me demande si Madame Beaumarchais n'avait pas ce néologisme sur la conscience.

(2) C'est-à-dire *mon fils adoptif,* mon gendre Toussaint Delarue, qui n'avait pas même alors une trentaine d'années. L'expression *mon fils* est bien touchante sous la plume d'une belle-mère et mérite d'être notée.

(3) Jeanne-Louise-Henriette Genet avait épousé, étant lectrice de Madame

ses affaires, et mon revenu en places et en pension suffi-
sant à la modération de mes désirs je demandai et j'*obtins*
ma séparation des biens. En 1791, feu M. Campan, sécre-
taire (*sic*) (1) du cabinet de la ci-devant Reine auquel on
supposoit une grande fortune mourut insolvable, son fils
renonça à sa succession, et moi ayant eu par foiblesse la
condescendance d'endosser pour mon beau-père pour
24,000 fr. d'effets, je me suis trouvée nonseulement
ruinée par la ruine du père et du fils, mais chargée pour
faire honneur à ma signature du payement de 24,000 fr.
dans un temps où je restois sans aucune ressource, la
journée du 10 aoust m'ayant fait perdre à la fois, pensions,
appointements, logement et mobilier, car je fus pillée.
M. Campan laissa sa succession en déficit de plus de deux
cent mille livres, ses amis, ses anciens domestiques, ses
enfans enfin ont tous payé la mauvaise administration de
ses biens. Mais vous devez bien penser que les dettes de
M. Campan me sont étrangères sauf celles qui pour
mon malheur m'étoient devenues personnelles par mon
acceptation, c'est-à-dire ma signature. Je vois donc
avec regret, Monsieur, que vous êtes rangé dans les
nombreux créanciers qu'il a laissés, mais je ne conçois pas
que M. Auguie ait pu vous dire de m'adresser la notte de
ce qui vous est du, car il sait bien que je ne payerai jamais
une seule dette de mon beau-père, et que ni l'honneur ni
les loix ne peuvent ni me déterminer, ni me contraindre
à les payer (2). Je vous prie, Monsieur, d'être persuadé

Victoire, M. Campan dont le père était secrétaire du cabinet de la reine.
F. Barrière, auteur de la meilleure notice qui existe sur Madame Campan (en
tête des *Mémoires sur la vie de Marie-Antoinette*, Paris, Didot, 1855), dit
(p. 20) : « MM. Campan, originaires de la vallée de Campan, dans le Béarn,
en avaient pris le surnom. Leur nom véritable était Berthollet. Le célèbre chimiste que les sciences ont perdu en 1822 était leur parent. »

(1) Pour une institutrice, pour une surintendante de la maison d'Écouen,
l'accent est bizarrement placé sur la première syllabe du mot *secrétaire*. On
ne sera pas moins étonné, un peu plus loin, de la forme donnée au mot *pénible*,
forme que je ne retrouve dans aucun de nos auteurs.

(2) Ces détails autobiographiques complètent ce que l'on a écrit sur Madame

que j'ai appris avec bien de la douleur les pertes cruelles que vous avez eu à supporter et qui laissent dans une âme sensible des regrets bien plus douloureux que la perte de la fortune. Pour moi je vis et je fais élever mon fils du produit d'un travail peinible (*sic*) (1) et de la confiance que mes foibles talens ont seu inspirer aux parens des enfans qui me sont confiés (2).

J'ai l'honneur d'être votre concitoyenne,

GENET-CAMPAN.

Ce 13 germinal, an 7.

VI

AU MÊME (3)

De Rouen, le 8 vendémiaire, an 9.

Que pensés vous de moy, mon cher ami, depuis deux

Campan et tout ce qu'elle en a écrit elle-même. Rappelons qu'au moment où Madame Campan se plaignait ainsi, elle approchait de la cinquantaine.

(1) Citons ici un passage de la notice de Barrière : « Elle ne vivait que pour son fils; pour lui seul elle aurait ambitionné la faveur ou les richesses : il était sa consolation, son bien, son espoir; elle avait rassemblé sur lui tous les penchants d'un cœur trop souvent déçu dans ses affections. M. Campan fils méritait la tendresse de sa mère. Aucun sacrifice n'avait été négligé pour son éducation. Son esprit était orné ; il avait du goût, et faisait des vers agréables. Après avoir suivi la carrière qui a fourni, sous l'empire, des hommes d'un mérite éminent, il attendait du temps et des circonstances une occasion de consacrer ses services à son pays. Quoique sa santé fût languissante, rien n'annonçait une fin rapide et prématurée : en quelques jours cependant il fut ravi à sa famille. »

(2) La signature de Madame Campan donne raison à Barrière qui écrit *Genet* et non *Genest*, comme on l'a imprimé dans la *Biographie Michaud* (article de V. Parisot) et aussi dans la *Nouvelle Biographie générale* (article tiré de l'*Encyclopédie des gens du monde*), et enfin dans la plupart de nos dictionnaires historiques, fils plus ou moins ressemblants des deux grands recueils que je viens de nommer. Tout récemment la véracité des *Mémoires* de Madame Campan a été très vivement contestée par deux savants de grande autorité, M. J. Flammermont (*Etudes sur les sources de l'histoire du xviiie siècle*, 1886, travail que j'ai eu le plaisir de beaucoup louer dans la *Revue critique*), et M. P. de Nolhac (*Le château de Versailles au temps de Marie-Antoinette*, 1889, p. 64, note 1). Voir sur ce dernier travail mes *Petites notes bibliographiques* (livraison du *Bulletin du Bibliophile* de septembre-octobre 1889, p. 476-478).

(3) L'adresse manque.

mois et demi que je suis parti de Paris, que je ne vous ay
point écrit. J'ay été si peu resident dans aucuns endroits
qu'il m'a été impossible de suffire aux obligations que
mon cœur m'imposait et forcement vous et beaucoup
d'autres ont été retardés jusqu'au premier moment dont
je pourois disposer en faveur de mes plaisir (*sic*). Et au-
jourdhuy que je vous écris je mets de coté beaucoup de
mes amis pour le plaisir de vous préférer.

Il y a un mois que je suis à Rouen, ma chère patrie (1).
Hé bien j'ay fait quatre voyages dans les environs au
même endroit où j'ay trouvé des objets si curieux, si extra-
ordinaires que je m'en suis occupé exclusivement à tout ce
qui m'environnait d'ailleurs.

J'ay trouvé un temple de Cybelle tres considérable à
cinq lieues et demi de Rouen, qui m'a fort occupé et qui
m'occupera beaucoup encore avant de parvenir au moment
d'en faire part au public (2). Je vous communiqueray cela
à mon retour à Paris.

La ville où je suis est la dix-huitième de toute ma
tournée commencée par Beauvais, Arras, Douay, Lille,
Dunkerque, etc., où j'ay veu bien des choses curieuses
en tout genre ! !

Je viens de fixer l'époque de mon départ pour Paris au
deux ou trois de la décade prochaine, ce qui fera le 13 au
plus tard pour arriver le 14 sauf anicroche qui ne passera

(1) Jean-Pierre-Louis-Laurent Houel naquit dans la capitale de la Normandie en
juin 1735 et mourut à Paris le 14 novembre 1813. Il fut un des fondateurs de
l'Athénée. On a sur lui une bonne notice de Le Carpentier (Rouen, 1813, in-8).
Voir la liste de ses publications dans la *France littéraire* (t. IV, p. 144).
Quérard, écho de la *Biographie universelle*, assure que peintre, graveur, anti-
quaire, il fut aussi poète, mais que ses vers n'ont jamais été imprimés (péché
caché est péché pardonné). Le même bibliographe, s'inspirant encore de la
Biographie universelle, constate que le *Voyage pittoresque des îles de la
Sicile*, etc. (Paris, 1782-87, 4 vol. in-f°), n'est pas « supérieurement écrit »,
ce que l'on croira facilement après avoir lu la présente lettre.

(2) Houel ne dut pas « faire part au public » de son travail « sur le temple
de Cybèle ». (Etait-ce bien un temple de Cybèle ?) — Je ne trouve nulle part
la moindre mention d'un tel travail.

pas, je crois, le 15 et alors j'iray vous voir et causer avec vous et je vous conteray mes avantures.

Faites en sorte que la montre que j'ay laissée chez vous deux mois avant de partir soit accommodée et bien en état de me marquer l'heure, car je n'ay pas de cinq montres une sur qui je puisse compter (1) pour me conduire avec connaissance du tems.

Recommandés moi à votre cher cousin, je vous prie. Adieu, je vous embrasse et suis tout à vous.

Votre serviteur,   HOUEL.

VII

AU CITOYEN L'ÉPINE

Horloger

Place des Victoires, à Paris

A Enns (2), le 2 nivôse, an 9.

Malgré que vous gardez le silence, Monsieur, je m'empresse de vous apprendre de nouveaux succès de l'armée du Rhin. J'ai été tellement occupé à poursuivre l'ennemi que depuis Wasserburg (3), je n'ai pu vous écrire.

Le passage de l'Inn, de la Salza, de la Traun (4) n'ont

---

(1) C'est le cas de citer ce mot d'une femme d'esprit : Les montres sont comme les domestiques ; plus on en a, plus on est mal servi.

(2) Enns ou Ens est une ville de 4,500 habitants environ, pittoresquement située, non loin du Danube, sur la rivière de l'Enns (Haute-Autriche, arrondissement de Linz). Le mur d'enceinte a été construit avec la rançon que l'Angleterre paya pour la délivrance de Richard Cœur-de-Lion.

(3) Ville de près de 4,000 habitants sur la rive gauche de l'Inn (Haute-Bavière).

(4) Je ne ferai pas de notes sur l'Inn, la Talza et la Traun, que tout le monde connaît. Ne portons pas d'eau à la rivière... excepté quand la rivière est espagnole. Je ne mettrai non plus aucune note sous les noms du prince Charles, des généraux Grenier, Le Courbe et Moreau, dont s'occupent toutes les histoires générales comme tous les recueils biographiques. En revanche je voudrais bien donner une petite notice sur le narrateur, mais j'ai beau chercher, je ne

pas coutés (1) à la République 50 Français ! L'ennemi est
en pleine déroute ! La présence du prince Charles n'a pu
rallier l'armée impériale, ny rétablir son moral.

Ici ces Messieurs ont brulé le pont de l'Enns ; mais sans
une suspension de 48 heures nous aurions passez (*sic*) ce
fleuve hier soir, et le restant de leur équipage aurait resté
en nos mains.

Nous avons trouvés ici, magasins de farine envirrons (*sic*)
2,000 sacs, seigle 4,000, et avoine plus de 6,000, 13 à
14,000 armes à feu dont la moitié n'est de calibre français,
n'ont jamais servi, des effets de campement, d'habille-
ment, enfin depuis huit jours nous avons enlevé plus de
1,500 voitures chargées de vivres et fourrages, il n'y a pas
de jour que l'on ne fasse au moins 7 à 800 prisonniers.

Si le prince Charles ne parvient pas à déterminer l'em-
pereur à la paix il n'y a pas de doute que dans deux
mois (2), nous aurons un empire à louer ou à vendre.

Si vous livrez à l'impression ce récit, je vous prie d'ac-
corder mes idées : je suis tellement pressé que je ne peux
relire ma lettre, mais je vous apprends de bonnes nouvelles et vous charge de les classer.

A l'instant je monte à cheval. L'Enns est passé par trois
cens hommes d'infanterie, dans une heure il y aura des
demi-batteries et de la cavalerie (3) qui passent à la nage.

Donnez-moi de vos nouvelles.

Je vous salue amicalement.   HUSSON.

---

trouve rien sur le *général Husson* dans les livres que j'ai sous la main et je
prie mon lecteur d'avoir pitié de *mes* stériles efforts et de pardonner à un
humble *pékin* sa parfaite ignorance des choses militaires.

(1) Devant cette faute de français, qui sera suivie de beaucoup d'autres fautes
du même genre, on est bien obligé de se dire que le *général Husson* écrivait
avec beaucoup plus de verve que de correction. Du reste, quelles fautes ne
remettrait-on pas à un vainqueur animé d'un aussi patriotique enthousiasme ?

(2) Dans sa précipitation enfiévrée, Husson avait écrit *moins* pour *mois*. On
voit bien que sa plume courait, pour annoncer tant de victoires, avec la même
rapidité que son cheval sur les champs de bataille.

(3) *Les deux mots* sont en abrégé dans le texte : B^ie et Cie.

Je suis toujours à l'avant-garde et toujours je me porte bien à fatigues près.

Je ne vous parle ici que des succès de l'aile gauche, commandée par le lieutenant-général Grenier ; le lieutenant-général Le Courbe qui commande la droite et le centre, commandé directement par le général Moreau, ne cessent comme nous de battre et d'enlever à l'ennemi, armes, bagages, canons, chevaux et un nombre étonnant de prisonniers.

Du 3. Nous marchons en avant pour battre de rechef l'ennemi (1).

(1) Sur la lettre même du général Husson, son correspondant a tracé ces quatre lignes : « Au citoien Dubois, directeur du Journal de Paris. Rue Fraisnée, maison curiale. — Lépine a l'honneur d'envoyer une lettre à M. Dubois. S'il la juge intéressante pour son journal cela fera plaisir peut-être à beaucoup de lecteurs. — Ce 16 nivôse. » Dubois inséra-t-il le bulletin de victoire ? Je n'ai pu, loin de toute grande bibliothèque, m'en assurer et je laisse le soin de la vérification aux curieux qui pourront aborder la collection du *Journal de Paris*. Du récit du général Husson, écrit après Hohenlinden, je rapprocherai un billet dont la signature est illisible et qui, quoique émanant d'un général en chef, ne roule que sur une affaire d'horlogerie : « Au citoyen Lépine, horloger, place des Victoires-Nationales, à Paris. — Quartier général à Cologne, le 14 brumaire an 3°. Je vous ai envoyé, il y a quinze jours, mon cher concitoyen, par l'un des courriers de l'armée, 40 pièces de 24 livres pour la belle et excellente montre que vous m'avés faitte. Je n'entend plus parler ni du courrier, ni des quarante louis, ni de la montre et je ne sçais pas ce que cela veut dire. Je vous prie de me mander si le courrier s'est présenté chés vous et si vous en avez eu connaissance. Vous obligerez infiniment le général en chef... » Reproduisons encore un billet écrit par un prisonnier, du nom de Pin, sur lequel je ne puis rien dire, sinon que son aventure prouve une fois de plus que jamais on n'eut moins de liberté qu'à l'époque où l'on inscrivait ce nom sacré sur toutes les murailles, même sur les murailles des prisons :

Au citoyen Lépine

Horloger, place des Victoires, n° 12, Paris

Ce 19 pluviose

Citoyen, depuis que nous ne nous sommes pas vus j'ai toujours été enfermé en prison et j'y suis encore Dieu sait pour combien de tems sans être jugé, ni interrogé, et sans savoir même les motifs de mon arrestation. Voilà, mon ami, où la Révolution m'a conduit ; je ne me plains pas et je sais souffrir. Je suis dans la dernière misère ; une année de captivité m'a conduit à manquer de tout ; je suis couvert de haillons, malingre, et presque infirme. Il ne me reste

VIII

Ma chère douce Épine,

Mantoue a capitulé le 14 ou 15 pluvios comme aussi sa forteresse. Je vous embrasse. Voilà l'aurore de notre liberté.

Votre frère et ami,   SERBELLONI (1).

SECONDE PARTIE

I

MONSIEUR,

MONSIEUR RAGUET L'ÉPINE

Député de Loir-et-Cher, en sa terre de Renay, près Vendôme

Monsieur,

Un nommé Martin est depuis six ans conducteur de

que ma montre que je garde pour un besoin extrême; j'en ai perdu la clef, et je vous prie de m'en envoyer une le plus tôt possible, mais des plus communes. Adieu.

Si vous pouvez m'être utile je vous engage au nom de l'humanité de le faire. Portez-vous bien.

   Votre concitoyen,   PIN.

Port-Libre, rue de la Bourbe, au grand corridor, cellule n° 30.

(1) Tout est singulier dans ce billet, son extrême brièveté qui permet de le citer comme un modèle de laconisme, la plaisanterie initiale sur le nom de l'horloger, *douce épine* étant une imitation de *douce amère*, l'orthographe de quelques mots, la bouillante ardeur qui règne en ces deux lignes, sans date (la capitulation de Mantoue suivit l'armistice du 16 janvier 1801) et qui sont signées d'un nom oublié dans nos recueils biographiques. Ce nom fut pourtant célèbre.

troisième classe des ponts et chaussées, à Blois, dirigeant dans ce moment notre chemin de grande communication de Montoire à Blois; [il] (1) voudrait être nommé de deuxième classe. Quatre fois il a été proposé pour cette fonction par M. l'ingénieur en chef.

L'an dernier j'eus l'honneur d'en écrire à Monsieur le général Doguereau, qui eut l'obligeance de s'en occupper

Thiers (*Histoire du Consulat et de l'Empire*, tome I, p. 225) cite « M. Serbelloni, envoyé de la république cisalpine » parmi les hauts personnages étrangers qui assistèrent à la première audience du Corps législatif aux Tuileries (21 février 1800), et il le mentionne encore (tome III, p. 385) comme ayant eu à Lyon, en janvier 1802, une entrevue avec le premier Consul au sujet de l'organisation de la République cisalpine. Napoléon, du reste, appréciait depuis longtemps déjà Serbelloni, comme le prouve ce passage d'une de ses lettres au Directoire, écrite de Milan le 11 juin 1791, passage qu'a bien voulu m'indiquer le savant historien des guerres de la révolution, mon cher confrère M. A. Chuquet : « Serbelloni est patriote, il jouit d'une grande considération, étant de la première famille du Milanais, et fort riche. » (*Correspondance*, tome I, p. 387). Voir sur la famille Serbelloni et les divers personnages de marque qui lui ont autrefois appartenu, les *dictionnaires* de Bayle, de Moréri, etc.

Je reproduis, à la suite du dernier document de la première série, une petite pièce moitié imprimée, moitié manuscrite, billet de convocation adressé par le ministre Fouché au neveu de Beaumarchais :

LIBERTÉ	(*Vignette*)	ÉGALITÉ

MINISTÈRE DE LA POLICE GÉNÉRALE

Paris, le 13 thermidor an 9 de la République, une et indivisible.

Le Ministre de la police générale de la République,

Au CITOYEN L'ÉPINE, horloger

Je vous invite, citoyen, à vous rendre à mon ministère, demain à midi, pour une affaire pour laquelle vous pouvez donner des renseignements.

La présente vous servira de carte d'entrée au bureau de l'inspecteur général.

Le ministre de la police générale,
FOUCHÉ.

Le chef du bureau particulier,
DESMARETS.

(1) Le prénom *il* a été oublié par l'illustre naturaliste qui peut-être en ce moment pensait à une des belles découvertes qui ont immortalisé son nom. Soyons indulgents pour les *lapsus* des grands hommes. Quintilien l'a dit : *Summi sunt, homines tamen.*

(*sic*) (1), et de me répondre qu'il serait fait droit à la demande autant que possible ; cependant les choses en sont demeurées là. Aujourd'huy ce conducteur revient à la charge, et prétend que ses chefs l'ont proposé pour la cinquième fois dans le courant de ce mois.

N'osant plus solliciter Monsieur le général Doguereau, je viens vous prier, si cela ne vous contrarie point, d'avoir la bonté de vous en occupper, à votre tour, auprès de l'administration générale, et même de vous entendre avec Monsieur le général Doguereau, si vous le jugez nécessaire, car les mutations de ce genre doivent avoir lieu en janvier prochain.

Je crois que ce Martin est très capable, et qu'il n'a jamais démérité.

Agréez, Monsieur le Député, l'assurance de mes sentiments très respectueux.   Cuvier (2).

<table>
<tr><td>MINISTÈRE
des
FINANCES
—
CABINET
DU MINISTRE</td><td>II

AU MÊME

19 septembre 1836 (3).</td></tr>
</table>

Mon cher collègue, nous voici engagés dans une entreprise qui a ses difficultés (4), mais dont le succès n'est pas

(1) Plus haut c'était un péché d'omission. Nous voici en présence d'un péché plus grave commis par un membre de l'Académie française, avec récidive quelques lignes plus loin. Que ceux qui n'ont jamais intempestivement redoublé une lettre jettent la première pierre à l'auteur du *Discours des Révolutions du Globe !*

(2) Mes lecteurs regretteront sans doute que je ne leur serve qu'un plat vulgaire sous forme d'une simple lettre de recommandation, et non un plat exquis tel qu'une lettre en beau style, roulant sur quelque intéressant sujet scientifique, mais ne les désarmerai-je pas en leur déclarant que je le regrette encore plus qu'eux ?

(3) La lettre est sans suscription, mais elle a été certainement adressée au député Raguet-Lépine.

(4) Charles-Marie Tanneguy comte Du Châtel, avait été nommé ministre des finances dans le cabinet du 6 septembre 1836.

douteux (1). Nous avons grand besoin de l'appui et du cordial concours de tous ceux qui ont soutenu avec nous la politique fondée par Casimir Périé (2). Vous êtes au premier rang de mes amis, et je ne veux pas rentrer au Ministère sans me rappeler à votre bon souvenir. Vous me ferez même grand plaisir de me dire votre avis sur la situation des affaires, et particulièrement sur l'Espagne. Croyez, je vous prie, mon cher collègue, à mes sentimens les plus sincères et les plus distingués.

T. Duchatel (3).

III

A Monsieur luce

Rue d'Amboise, n° 7, Paris (4)

J'ai l'honneur d'envoyer cent franc (5) à Monsieur Luce, reste deux cens six. D'ici à quelques jours je le prierai de me continuer ses bons offices.

Salut et considération, Grétry.

(Date ajoutée au crayon par une autre main : 16 décembre 1815) (6).

(1) Flots et destins politiques sont changeants. Ce *succès qui n'était pas douteux,* vu à travers les illusions du nouvel occupant, devint une chute rapide (15 avril 1837).

(2) Encore une inadvertance ! (Nous ne trouvons, en quelque sorte, que des distraits en toute cette correspondance). Comment le disciple fidèle de Casimir Périer enlevait-il la lettre finale au nom si célèbre de son maître et prédécesseur ? Il est vrai que lui-même refuse plus bas, à son propre nom, l'accent circonflexe que tout le monde lui a toujours donné.

(3) Rappelons, en ce recueil tout littéraire, que le comte Duchâtel appartint doublement à l'Institut, d'abord comme membre de l'Académie des sciences morales (1842), puis comme membre libre de l'Académie des Beaux-Arts (1846).

(4) Je ne sais quel était ce correspondant de Grétry (n'y a-t-il pas du *Lancival* là-dedans) : je ne sais pas davantage comment ce billet se trouve mêlé à la correspondance Raguet-Lépine.

(5) *Sic.* Qui donc a dit que pour les musiciens l'orthographe n'est pas obligatoire ?

(6) Pour consoler le lecteur de l'insignifiance de ce billet, je reproduis ici quelques lignes récentes d'un éminent critique, comme avant la fatale invasion

IV

Monsieur Raguet Lépine

Rue de Varennes, 10, Paris·

Mon cher collègue, c'est le soir que j'espère aller vous voir demain mercredi, et non pas à diner, car je suis engagé depuis quinze jours chez M. Eynard (1). Je crains de m'être mal expliqué hier, et je ne veux pas que vous vous y mépreniez.

Tout à vous,   Guizot.

Mardi 27.

du phylloxera en Gascogne, on renforçait un vin trop léger en y ajoutant la saveur et le parfum d'une généreuse eau-de-vie d'Armagnac : « De tous les artistes appartenant à l'Institut, depuis l'époque de sa fondation, Grétry était celui dont la foule connaissait le mieux le nom et les ouvrages, celui qui, pour elle, représentait avec le plus d'éclat les progrès accomplis en France vers la fin du xviiiᵉ siècle et au commencement du xixᵉ. Ni Houdon, ni Méhul, malgré leur célébrité déjà longue, ni David lui-même, malgré le prestige de son rôle de réformateur et l'étendue de son influence, n'étaient arrivés à posséder une gloire aussi populaire. De là l'émotion universelle à la nouvelle de la mort du maître et les honneurs sans précédents, au moins dans notre pays, dont on entoura son cercueil. Peut-être faudrait-il remonter jusqu'au souvenir des pompes déployées à Rome, lors des obsèques de Raphaël, ou à Londres, le jour où les restes de Garrick reçurent dans l'abbaye de Westminster une sépulture quasi royale, pour trouver à l'étranger l'équivalent de ce qui se passa chez nous à l'occasion de la mort de Grétry. En tout cas, notre propre histoire ne fournirait pas à une date antérieure l'exemple d'un deuil aussi unanime, des témoignages aussi solennels de vénération pour un homme qui n'avait été ni un grand de ce monde par la naissance ou par les fonctions, ni un de ces héros que Dieu suscite à son heure pour la défense du territoire ou des institutions de leur pays. » (*L'Académie des Beaux-Arts depuis la fondation de l'Institut*, par le vicomte Henri Delaborde, dans la *Revue des Deux-Mondes* du 15 août 1889, p. 761) L'éloge de Grétry et la description de ses funérailles remplissent les deux pages suivantes. M. Delaborde rappelle que l'auteur de *Richard Cœur-de-Lion*, de *Zémire et Azor*, et « de tant d'autres bienfaisants chefs-d'œuvre » mourut le 24 septembre 1813, « dans cette petite maison de l'*Ermitage*, près de Montmorency, que Jean-Jacques Rousseau avait autrefois habitée ».

(1) Le philhellène genevois qui, en 1814, avait représenté la république

MINISTÈRE
des
AFFAIRES ÉTRANGÈRES
—

CABINET

V

Mon cher collègue (par habitude), venez donc déjeuner avec moi demain dimanche. Nous causerons un peu. Je regrette bien de vous avoir manqué.

Tout à vous,   GUIZOT.

Samedi 1er novembre.

CABINET

DU MINISTRE

VI

MINISTÈRE DE L'INSTRUCTION PUBLIQUE

Paris, le 30 juillet 1835

Mon cher collègue,

Il faut revenir. Arrivez aussi promptement que vous le pourrez. Nous sommes très fâchés de vous causer ce dérangement, mais la nécessité l'exige. En de telles circonstances, la présence et le concours des Chambres sont indispensables.

Croyez, je vous prie, à mon bien sincère attachement.

GUIZOT (1).

MINISTÈRE
des
AFFAIRES ÉTRANOÈRES
—

CABINET

VII

Mon cher collègue, je me plains de vous puisque vous êtes depuis quatre jours à Paris. Venez dîner aujourd'hui avec moi puisque vous partez demain. Vous trouverez quelques-uns des nôtres. J'espère que vous serez libre. Mille compliments affectueux.   GUIZOT.

helvétique au Congrès de Vienne, et qui était un des meilleurs amis de Guizot. On sait que né à Lyon en 1775, il mourut à Genève en 1863.

(1) La signature seule est de Guizot. Les billets précédents et le billet suivant sont complètement autographes.

<table>
<tr><td>MINISTÈRE
des
AFFAIRES ÉTRANGÈRES
—
CABINET</td><td>VIII</td></tr>
</table>

Mon cher collègue, on nous prépare pour vendredi 19 une grosse bataille, la plus grosse qu'on pourra ; encore sur Taïti. C'est absurde (1), mais cela est. Je vous demande en grâce d'être à la Chambre vendredi. Je suis désolé de vous déranger ; mais je ne puis dispenser mes amis de leur part du fardeau. J'en porte tout ce que je puis en porter (2).

Tout à vous,   GUIZOT.

Mardi 16 avril 1844.

<table>
<tr><td>MINISTÈRE
des
AFFAIRES ÉTRANGÈRES
—
CABINET</td><td>IX</td></tr>
</table>

Mon cher ami, vous avez écrit à Madame de Meulan (3) un billet bien affectueux pour moi, et je vous en remercie. J'espère que j'aurai bientôt le plaisir de voir mes amis particuliers. Mais on me prescrit surtout le repos, au milieu du régime des eaux de Vichy que je prends. Je m'en trouve déjà très bien. Par malheur, il n'y a point de repos, pour moi, sans solitude. Dès que je romprai ma solitude, vous le saurez des premiers.

Mille amitiés bien sincères.   GUIZOT.

Passy, 6 mai 1845.

---

(1) Jamais l'épithète n'a été si justement appliquée et, à la distance de près d'un demi-siècle, nous avons peine à comprendre comment une aussi misérable affaire a pu autant passionner les esprits et égarer les jugements.

(2) Noble et énergique image qui fait penser à l'athlète antique luttant avec un héroïsme supérieur à ses forces.

(3) C'était la belle-sœur de Guizot et la sœur du général comte Théodore de Meulan.

X

Je vous remercie, Monsieur et cher ami, de m'avoir
donné de vos nouvelles. Je voudrais en avoir de bonnes à
vous envoyer en retour. Mais, dans le monde politique et
dans le monde domestique, je ne vois que deuil. Vous savez
le déplorable accident qui, tout près de vous, a coûté la vie
à ma pauvre jeune et si jolie belle-sœur, Madame Devaines.
J'ai reçu hier des nouvelles de Claremont écrites au moment
même où la Reine et toute la famille royale partoient pour
aller à Ostende recevoir les derniers soupirs de la Reine des
Belges. Et probablement ils seront arrivés trop tard. Que
de douleurs dans cette rare famille! La branche cadette
de la maison de Bourbon en est aussi abreuvée que la
branche aînée, et notre excellente Reine peut se placer,
parmi les martyrs de la destinée royale, à côté de Madame
la Dauphine (1).

Je persiste dans l'opinion que vous me connoissez. Tant
que les deux partis conservateurs seront désunis, il n'y a
rien de bon à espérer pour notre pays. Je ne crois pas
que la République puisse arriver à l'ordre stable, et il n'y
a pas de quoi faire en France deux monarchies. Mais cette
vérité me paroit encore loin d'être comprise et admise par
le public. En attendant qu'elle le soit, il n'y a rien de
mieux à faire que de soutenir le *statu quo*, et d'en tirer,
au profit de l'ordre, tout ce qu'il pourra fournir. Voilà

(1) Cet éloquent passage, les hautes considérations politiques qui vont suivre
et enfin la touchante et charmante anecdote sur Monseigneur le comte de
Paris, rendent toute cette lettre bien précieuse et lui assurent, ce me semble,
une place dans la prochaine édition du recueil publié avec un soin si filial, si
religieux, par Madame de Witt: *Lettres de M. Guizot à sa famille et à ses
amis* (Paris, Hachette, in-16). Pour qui veut bien connaître les grandes qualités
de l'homme privé, il faut joindre à ce recueil un volume qui le complète à mer-
veille et que l'on doit aussi à la délicate main de Madame de Witt: *M. Guizot
dans sa famille et avec ses amis* (Paris, Hachette, in-16.)

toute ma vie politique. Je serois bien surpris si ce n'étoit pas aussi la vôtre.

Je suis au Val-Richer, avec tous mes enfans, jusqu'à la fin de ce mois. Je comptais y rester jusqu'au milieu de novembre. Mais l'Académie française, en me nommant son directeur pour ce trimestre, m'oblige à rentrer un peu plutôt à Paris. Quand comptez-vous y revenir? J'espère que, malgré la Seine qui nous sépare, vous viendrez me voir quelquefois l'hiver prochain. Quand Madame la duchesse d'Orléans vouloit faire faire à Monsieur le comte de Paris de nouvelles connoissances de camarades, il lui répondoit : « Je n'aime que mes vieux amis » (1). Je suis comme lui ; j'aime mes vieux amis ; et je lui souhaite, à lui, de garder toute sa vie cette aimable et honorable disposition.

Adieu, mon cher Monsieur. Mes respects, je vous prie, à Madame Raguet Lépine, et croyez-moi bien sincèrement

Tout à vous,   Guizot.

Val-Richer, 7 octobre 1850.

XI

Monsieur Raguet Lépine

Pair de France, rue de Varennes, 10, Paris

Mon cher ami,

Quand la demande de M. Sabattier arrivera au Conseil (2), je la rapporterai avec intérét (3) puisque vous

(1) *Le mot est très joli et fait honneur au royal enfant. Volontiers je répéterais, devant les incomparables affections qui m'accompagnent depuis mes jeunes années : Vivent les vieux amis !*

(2) Le conseil royal de l'instruction publique dans lequel l'habile chimiste figurait comme doyen de la faculté de médecine de Paris (1830-1848) et où il joua, pendant 18 ans, un rôle des plus considérables.

(3) L'accent circonflexe est posé, non sur le second *e*, mais sur le premier.

me le recommandez. Je ne sais si je réussirai, mais je l'espère, à la condition toutefois que ledit maître d'études produira un bon certificat du Proviseur de Louis-le-Grand. Vous pouvez compter, mon cher ancien, que je ferai tout ce qui dépendra de moi pour vous être agréable. Présentez mes hommages à Madame et croyez-moi votre tout dévoué.   ORFILA.

Paris, ce 18 mars 1846.

XII

Claremont, 18 septembre 1850.

Monsieur,

La Reine me charge de répondre à la lettre par laquelle vous lui exprimez la part que vous prenez au coup qui vient de la frapper (1). Sa Majesté connaît votre dévoument, et elle était assurée à l'avance de votre sympathie. Elle ne l'est pas moins de vos regrets bien sincères pour celui qu'elle pleure. Les princes, ses fils, à qui elle a fait part des sentiments que vous leur conservez, s'assossient à ceux de leur auguste mère pour vous. Je regrette d'être auprès de vous, Monsieur, le trop faible interprète de Sa Majesté, et vous prie de vouloir bien agréer l'assurance de ma haute considération.   A. TROGNON (2).

(1) La mort du roi Louis-Philippe (26 août 1850).

(2) Auguste Trognon est surtout célèbre comme fidèle courtisan du malheur. Il a laissé d'estimables ouvrages : le meilleur est sa *Vie de Marie-Amélie, reine des Français* (Paris, 1871, in-8°). C'est la biographie d'une sainte écrite par un homme de cœur. On voit battre ce cœur à travers son talent, comme on voit palpiter la flamme à travers le cristal.

Extrait du *Bulletin du Bibliophile*.

Chartres. — Imprimerie Durand, rue Fulbert.